H E L E N A
M E Y E R S

DER MENSCH MUSS AUFHÖREN, EIN ARSCHLOCH ZU SEIN

Plädoyer für mehr Menschlichkeit

Impressum

Bibliografische Information der Deutschen Nationalbibliothek: Die Deutsche Nationalbibliothek verzeichnet diese Publikation in der Deutschen Nationalbibliografie; detaillierte bibliografische Daten sind im Internet über dnb.dnb.de abrufbar.

© 2025 Helena Meyers
Lektorat: Josy Fallon
Bildnachweis Cover: Henrik5000/istock
Bildnachweis Innenteil: DragonTiger/istock
Verlag: BoD · Books on Demand GmbH, Überseering 33, 22297 Hamburg, bod@bod.de
Druck: Libri Plureos GmbH, Friedensallee 273, 22763 Hamburg
ISBN: 978-3-8192-9867-7
www.bod.de

Es ist erstaunlich, wie viel wir über uns selbst erfahren, wenn wir lernen, andere nicht zu verletzen. In jedem Moment, in dem wir uns entscheiden, mit Liebe statt aus Hass oder Gier zu handeln, entdecken wir eine tiefere Verbindung zu uns selbst und zu allem um uns herum.

Inhalt

Einleitung

Ich bin keine Wissenschaftlerin, keine Klimaexpertin und auch keine Aktivistin im klassischen Sinn. Ich komme aus der frühen Bildung, einer Welt, in der wir Kindern vorleben, wie man teilt, wie man respektvoll miteinander umgeht, wie man aufeinander achtet. Und vielleicht ist genau das der Punkt: Ich frage mich, wann wir aufgehört haben, diese Grundwerte auch als Erwachsene ernst zu nehmen.

Dieses Buch ist kein wissenschaftliches Werk, sondern eher ein Weckruf. Es ist mein Versuch, all das in Worte zu fassen, was so viele von uns spüren: Dass etwas ganz grundsätzlich schiefläuft. Dass wir als Menschheit in eine Richtung laufen, die nicht nur uns selbst, sondern alles Leben auf diesem Planeten gefährdet.

Der Mensch hat sich lange über alles gestellt: über Tiere, über die Natur, über andere Menschen. Als wäre er die Hauptfigur auf einer Bühne, auf der alles andere nur Kulisse ist – nutzbar, formbar, austauschbar. Wir beuten die Erde aus, als gäbe es eine zweite. Wir behandeln Tiere wie Dinge und unsere Mitmenschen oft nicht viel besser.

Doch die Realität holt uns ein. Klimakrise, Artensterben, Umweltverschmutzung, soziale Ungleichheit, Gewalt, Ausgrenzung sind keine Naturkatastrophen. Es sind menschengemachte Krisen. Symptome eines Denkens, das den Menschen über alles stellt. Und das uns alle, bewusst oder unbewusst, zu Verbündeten macht.

Ich schreibe dieses Buch, weil ich glaube, dass wir es besser können. Weil ich daran glaube, dass Veränderung möglich ist, wenn wir mutig sind und ehrlich hinschauen. Wenn wir begreifen, dass wahre Stärke in Verantwortung liegt, nicht in Kontrolle. Und dass wir ein Teil dieses Planeten sind, nicht die Herrschenden.

„Der Mensch muss aufhören, ein Arschloch zu sein" ist ein provozierender Titel, ja. Doch er bringt auf den Punkt, worum es geht. Es ist Zeit für einen Perspektivenwechsel. Zeit für mehr Mitgefühl, mehr Respekt und mehr Demut. Für die Natur. Für die Tiere. Für uns selbst.

Denn wenn wir so weitermachen wie bisher, werden nicht nur Wälder, Meere und Arten sterben. Dann verlieren wir auch das, was uns eigentlich menschlich macht.

Ein Arschloch ist jemand, der denkt, dass seine Bedürfnisse und Wünsche wichtiger sind als das Wohl anderer und dabei bewusst oder unbewusst Schaden anrichtet. Es ist jemand, der sich über die Welt, ihre Ressourcen und Lebewesen erhebt, ohne Rücksicht darauf, wie sein Handeln das Gleichgewicht und das Wohl anderer beeinflusst. Ein Arschloch ist jemand, der sich für unfehlbar hält und keine Verantwortung für die Konsequenzen seines Handelns übernimmt.

Kapitel 1

Die Erde ist unser einziges Zuhause

Seltene Dinge behandeln wir mit besonderer Sorgfalt, zumindest dann, wenn sie uns Geld bringen. Für Gold, Öl oder seltene Erze graben wir tiefe Löcher in die Erde, zerstören Landschaften, verschieben ganze Ökosysteme. Kein Aufwand ist uns zu groß, wenn es um Profit geht. Und der einzige Planet, der uns Leben schenkt – Luft, Wasser, Nahrung –, bleibt dabei unbeachtet. Wir behandeln ihn nicht wie das Wertvollste, das wir haben, sondern wie ein Selbstbedienungslager.

Unsere Gier nach mehr ist zur Gewohnheit geworden – und zur Gefahr. Denn der Raubbau an der Erde ist kein Versehen. Er ist gewollt, geplant und systematisch. How ironic, don't you think?

▶ Die schleichende Entfremdung von der Natur

Ein zentraler Aspekt dieser Entwicklung ist die zunehmende Distanz zwischen Mensch und Natur. Was einst eine direkte, lebensnotwendige Verbindung war, ist heute in vielen Teilen der Welt durch Infrastruktur, Technologie und wirtschaftliche Prozesse ersetzt worden. Die Natur wird nicht mehr als eigenständiges, lebendiges System wahrgenommen, sondern vor allem als Nutzfläche, Rohstoffquelle oder „Standortfaktor".

Wälder, Meere, Tiere, Böden werden funktional betrachtet. Ihre ökologischen Rollen, ihre inneren Zusammenhänge und ihr eigener Wert treten in den Hintergrund. Stattdessen zählen vor allem die wirtschaftliche Verwertbarkeit und der kurzfristige Nutzen. Diese Entfremdung zeigt sich besonders deutlich in Städten und industriellen Zentren. Dort, wo Entscheidungen über Energie, Produktion oder Landnutzung getroffen werden, fehlt oft die direkte Verbindung zu den Auswirkungen. Prozesse, die komplexe ökologische Systeme betreffen, werden rein betriebswirtschaftlich bewertet mit dem Risiko, zentrale Abhängigkeiten zu übersehen. Das führt nicht nur zu Fehlentscheidungen, sondern auch zu einem kulturellen Wandel: Der Respekt vor natürlichen Grenzen und ökologischen Kreisläufen geht verloren. Der Mensch stellt sich über die Systeme, von denen er abhängig ist, mit der Annahme, er könne sie vollständig kontrollieren, ersetzen oder unbegrenzt nutzen.

▶ Die Folgen des linearen Denkens

Viele Umweltprobleme, mit denen wir heute konfrontiert sind – von der Erderwärmung über den Verlust biologischer Vielfalt bis hin zur Verschmutzung von Luft, Böden und Gewässern – sind direkte Resultate eines Umgangs mit der Erde, der weder nachhaltig noch vorausschauend ist.

Dabei geht es nicht nur um Umweltzerstörung im klassischen Sinn. Die Stabilität ganzer Ökosysteme ist gefährdet und damit auch die Grundlage wirtschaftlicher und sozialer Systeme. Überfischte Meere, ausgetrocknete Böden, verschmutztes Wasser oder extreme Wetterereignisse zeigen deutlich: Die Grenzen des Planeten sind keine Erfindung. Sie sind real. Und mit jedem Tag, den wir so weitermachen, überschreiten wir diese Grenzen ein Stückchen mehr.

Die Klimakrise ist nur ein Ausdruck davon. Dürren, Starkregen, Hitzewellen und andere extreme Wetterphänomene sind sichtbare Reaktionen auf einen lange ignorierten Raubbau. Die ökologischen Systeme reagieren auf Überlastung, und diese Auswirkungen treffen zunehmend auch den Menschen – ökonomisch, gesundheitlich und sozial.

▶ Die Bedeutung eines systemischen Blicks

Was häufig übersehen wird: Natur funktioniert nicht linear, sondern in vernetzten Prozessen. Jede Ressource, die wir nutzen, ist Teil eines größeren Zusammenhangs. Wasserzyklen, Bestäubung durch Insekten, CO_2-Speicherung durch

Wälder oder der Aufbau fruchtbarer Böden – all diese Systeme sind komplex, langfristig angelegt und nur begrenzt steuerbar. Eine Veränderung an einer Stelle kann an anderer Stelle weitreichende Folgen haben. Deshalb müssen wir uns bewusst machen, dass wir Stabilität nicht dadurch erlangen, dass wir an unserem Wohlstand festhalten, sondern indem wir nachhaltig leben: ökologisch, wirtschaftlich und gesellschaftlich. Der Schutz der natürlichen Lebensgrundlagen ist eine strategische Notwendigkeit.

▸ Verantwortung im 21. Jahrhundert

Die Herausforderungen, vor denen wir stehen, sind nicht neu, aber sie werden zunehmend dringlicher. Der technologische Fortschritt kann helfen, effizienter mit Ressourcen umzugehen, Emissionen zu senken oder alternative Lösungen zu entwickeln. Doch all das reicht nicht aus, solange sich unser Grundverständnis von Natur nicht verändert.

Das setzt ein Umdenken voraus. Denn: Die Erde ist kein unerschöpfliches System, das sich beliebig an unsere Wünsche anpassen lässt. Sie hat physikalische, biologische und ökologische Grenzen. Und die Missachtung dieser Grenzen birgt nicht nur Risiken für das Leben an sich, sondern auch für unsere Gesellschaft – von Migration über Konflikte bis hin zu Versorgungsengpässen.

Kapitel 2

Macht und Missbrauch

Macht begleitet uns Menschen seit jeher: in Familien, Gemeinschaften, Unternehmen und Regierungen. Sie verleiht Einfluss, Gestaltungsspielraum und oft auch materiellen Wohlstand. Doch wo Macht ist, liegt auch die Versuchung, sie zu missbrauchen oder über andere zu dominieren. Menschen in einflussreichen Positionen tragen große Verantwortung für sich selbst, für ihre Mitmenschen und für die Welt, in der wir leben. Doch zu oft wird Macht als Mittel zur eigenen Bereicherung und Machterhaltung eingesetzt. Egal ob gewählt, ererbt oder erkämpft – diejenigen, die die entscheidenden Fäden in der Hand halten, klammern sich daran, weil Macht ein wertvolles Statussymbol ist, das Sicherheit und Kontrolle verspricht.

▶ Die Dynamik der Macht

Macht ist ein vielschichtiges Phänomen. Sie zeigt sich nicht nur in politischen Ämtern oder wirtschaftlichen Positionen, sondern wirkt auch durch Sprache, Medien, Bildung, Technologie und gesellschaftliche Normen. Sie kann strukturell sein – wie durch Gesetze und Institutionen – oder subtil im Alltagsverhalten und in sozialen Rollenverhältnissen. Oft bleibt sie unbewusst, weil sie tief in kulturelle Selbstverständlichkeiten eingebettet ist.

Ein wesentlicher Aspekt: Macht strebt nach Selbsterhalt. Wer einmal in eine privilegierte Position gelangt, hat meist wenig Anreiz, diese freiwillig aufzugeben. Empirische Studien belegen, dass Menschen mit wachsendem Einfluss häufig an Empathie verlieren. Der Zugang zu anderen Perspektiven sinkt, Entscheidungsprozesse werden abstrakter, die Rückbindung an die soziale und ökologische Wirklichkeit nimmt ab.

Für viele Menschen wird Macht nicht nur als Mittel zur Sicherung des eigenen Wohlstands oder Status, sondern auch als eine Möglichkeit gesehen, andere zu beherrschen und zu kontrollieren. Das Streben nach Macht über Tiere und die Natur – zum Beispiel durch Massentierhaltung, Qualzucht, (Tier-)Sport, Regenwaldabholzung oder Überfischung – zeigt sich im exzessiven Konsum, in der industriellen Ausbeutung natürlicher Ressourcen und in der Unterdrückung von Tieren für menschliche Bedürfnisse. Es zeigt sich im Selbstverständnis, überlegen zu sein und diesen Irrglauben von Generation zu Generation weiterzureichen. Tiere, die uns nicht passen oder zu nahe kommen, werden beseitigt. Regenwald, der unser Überleben sichert, wird abgeholzt. Und mit Macht kommt Gier.

Was im Großen passiert, geschieht auch im Kleinen: Wir vertreiben Insekten, wenn wir uns durch sie gestört fühlen. Spinnen im Haus finden wir eklig. Wir stellen uns über unsere Umwelt und sind überzeugt davon, im Recht zu sein. Wir legen einen Garten an und nehmen Pflanzen raus, die die Grenze überschreiten. Eine Grenze, die wir angelegt haben, von der die Natur keine Ahnung hat. Was uns nicht passt, ändern wir ab, bis es uns passt. Ganz einfach.

▶ Machtmissbrauch und seine Folgen

Wenn Macht in die falschen Hände gerät oder ohne Verantwortung ausgeübt wird, entsteht ein Teufelskreis, der die Gesellschaft und die Natur gleichermaßen schädigt. Der Missbrauch von Macht führt zu einer ungleichen Verteilung von Ressourcen und Wohlstand. Es entstehen Hierarchien, in denen wenige privilegierte Menschen oder Unternehmen die Macht haben, die Erde auszubeuten, um ihren eigenen Profit zu maximieren – häufig auf Kosten der Allgemeinheit und der Umwelt. Solche Ungleichgewichte führen zu sozialer Ungerechtigkeit, Armut und der Zerstörung von Lebensräumen. Auch die Umwelt leidet massiv unter einem System, das kurzfristige Profite über langfristige Verantwortung stellt. Wenn die Natur nur als Ressource betrachtet wird, sind Eingriffe in empfindliche Ökosysteme unvermeidlich: Feuchtgebiete werden trockengelegt, Böden durch Monokulturen ausgelaugt, ganze Tierarten an den Rand des Aussterbens gedrängt. Solche Eingriffe bringen nicht nur die biologische Vielfalt aus dem Gleichgewicht, sondern untergraben auch die Lebensgrundlage künftiger Generationen. Machtmissbrauch bedeutet auch, dass diejenigen, die an der Spitze der Machtpyramide stehen, oft den Zugang zu den Ressourcen der Erde kontrollieren, während die Mehrheit der Weltbevölkerung unter den Auswirkungen dieses Missbrauchs leidet. Die armen und marginalisierten Gemeinschaften, sowohl in Industrieländern als auch in Entwicklungsländern, werden durch diese Systeme am meisten ausgebeutet und entmündigt. Doch auch die, die Macht haben und nutzen, sind nicht vor den Konsequenzen ihrer Taten geschützt. Die Zerstörung der Erde, die durch unmäßigen Verbrauch und Missachtung ökologischer Grenzen verursacht wird, gefährdet alle. Der Klimawandel, die Zerstörung der Biodiversität und die Verschmutzung sind direkte Folgen. Weil wir eben nicht die Kontrolle haben, so sehr wir uns das auch wünschen.

▸ Verantwortung durch Perspektivenwechsel

Wir haben das Privileg, Macht bewusst und nachhaltig zu nutzen. Und zwar nicht zur Ausbeutung und Zerstörung, sondern zum Wohle aller Lebewesen, einschließlich der Erde selbst. Wir haben die Fähigkeit, über das, was wir tun, nachzudenken und uns unserer Handlungen bewusst zu werden. Wir dürfen an den Punkt kommen, Fehler einzugestehen und umzukehren. Wahre Macht besteht nicht darin, über andere zu herrschen, sondern in der Fähigkeit, Verantwortung zu übernehmen und im Einklang mit anderen und der Natur zu handeln.

Ein nachhaltiger Umgang mit Macht bedeutet, langfristig zu denken und verschiedene Perspektiven einzubeziehen – auch jene, die keinen unmittelbaren Einfluss haben: zukünftige Generationen, nicht-menschliche Lebewesen, die Natur als Ganzes. Es bedeutet, Entscheidungen nicht nur nach Effizienz, sondern auch nach ethischer Tragfähigkeit zu beurteilen.

Das erfordert eine Neuausrichtung, besonders in wirtschaftlichen und politischen Systemen, in denen Erfolg bislang vor allem an Wachstum und Expansion gemessen wurde. Verantwortung zu übernehmen, heißt auch, den eigenen Handlungsspielraum kritisch zu reflektieren: Was richtet meine Entscheidung an – und wer trägt die Konsequenzen?

▶ Macht im Alltag

Macht zeigt sich nicht nur in Regierungshandeln oder unternehmerischen Entscheidungen, sondern auch im Alltag. Wer die Mittel hat, entscheidet, welche Lebensmittel er konsumiert, welche Produkte er kauft, welche Reisen er unternimmt. Auch hier gilt: Jeder Konsum beansprucht Ressourcen und ist damit eine Entscheidung mit Wirkung.

Ein bewusster Umgang mit alltäglicher Macht heißt, ökologische und soziale Aspekte in den persönlichen Lebensstil zu integrieren. Das reicht vom Energiesparen über den Einkauf regionaler Produkte bis hin zum respektvollen Umgang mit Mitmenschen und Tieren. Es ist nicht notwendig, perfekt zu handeln. Es ist aber notwendig, Verantwortung zu erkennen.

Solange Macht bedeutet, über andere zu herrschen, statt für andere einzustehen, bleibt der Mensch ein Arschloch – mit allen Konsequenzen.

Zwei Seiten der Macht

Macht hat zwei Seiten: Sie lebt in denen, die sie ausüben, und entsteht dort, wo Menschen sie zulassen. Das erinnert uns daran, dass Macht niemals einseitig ist – sie ist immer auch eine Einladung zur Verantwortung, zur bewussten Entscheidung und zum Mitgefühl.

Kapitel 3

Das vermeintliche Recht auf Ausbeutung

Wir entscheiden, welche Tiere Nutz- und Haustiere sind. Sie werden nicht als solche geboren, sondern unterliegen unserer Vorstellung davon, wie sie ihr Leben leben sollen. Entsprechend werden sie gefördert – aus Liebe oder aus dem Bedürfnis heraus, sie nutzbar zu machen.

Dieses vermeintliche Recht, über Tiere und Natur zu herrschen und sie auszubeuten, wird selten hinterfragt. Dabei hat jedes Lebewesen ein eigenes Leben und eigene Bedürfnisse, unabhängig davon, wie wir es einstufen.

▶ Der Mensch fühlt sich im Recht

Die Vorstellung, dass der Mensch das Recht hat, die Natur zu beherrschen, ist tief in unserer Kultur und Geschichte verankert. Sie hat ihre Wurzeln in jahrhundertelangen religiösen, philosophischen und wissenschaftlichen Lehren, die den Menschen als „Krone der Schöpfung" darstellten. Diese Denkweise wurde verstärkt durch die industrielle Revolution und die westliche Weltanschauung, die den Menschen als ein Wesen verstand, das die Erde nach eigenem Willen formen kann – mit der Freiheit, die natürlichen Ressourcen auszubeuten, als ob sie ein unerschöpflicher Vorrat wären. Das sogenannte Recht auf Ausbeutung wurde unter anderem durch die christliche Tradition gestützt, die den Menschen die Aufgabe gab, die Erde zu verwalten und zu beherrschen. Diese Interpretation lässt allerdings außen vor, dass Herrschaft auch Verantwortung und Achtsamkeit mit sich bringt – nicht bloß Macht und Ausbeutung.

Bedingt durch diese Ideologie entstand die Vorstellung, dass die Natur dem Menschen zu dienen habe und dass wir als dominante Spezies die Macht und das Recht besitzen, über sie zu verfügen. Wir begannen, die Erde und ihre Geschöpfe als Rohstoffe zu sehen, Dinge, die genutzt und ausgebeutet werden können, um unseren Wohlstand auszubauen. Diese Denkweise hat nicht nur zu einem destruktiven Umgang mit der Natur geführt, sondern auch zu einer Entfremdung zwischen uns und den anderen Lebewesen auf diesem

Planeten. Dieses „Recht" war aber jedoch nicht nur in vergangenen Jahrhunderten präsent, sondern prägt bis heute viele gesellschaftliche und wirtschaftliche Strukturen. Ob in Gesetzgebungen, Wirtschaftssystemen oder im Alltagsdenken – der Glaube an die Überlegenheit des Menschen und die daraus abgeleitete Herrschaft über Natur und Tiere beeinflusst weiterhin politische Entscheidungen und individuelles Handeln.

Andere Kulturen dagegen, beispielsweise viele indigene oder östliche Traditionen, betonen ein Verhältnis der Verbundenheit und gegenseitigen Achtung zwischen Mensch und Natur. Dass sich dennoch die ausbeuterische westliche Tradition weitgehend durchgesetzt hat, liegt nicht zuletzt an ihrem Einfluss auf die koloniale Expansion, den technologischen Fortschritt und die ökonomische Dominanz, die es ihr ermöglichten, andere Weltbilder zu marginalisieren oder zu verdrängen,

▶ Nehmen, ohne zurückzugeben

Es gibt einen Unterschied zwischen Nutzung und Ausbeutung, und dieser Unterschied bildet das ethische Fundament unseres Handelns. Während Nutzung auf eine verantwortungsbewusste, nachhaltige und respektvolle Beziehung zur Natur hinweist, beschreibt Ausbeutung eine unkontrollierte und rücksichtslose Nutzung der Ressourcen.

- **Nutzung**: Wenn wir die Natur nutzen, tun wir dies mit dem Bewusstsein, dass die Ressourcen nicht unendlich sind und dass wir in einem ökologischen Gleichgewicht leben müssen. Nachhaltige Landwirtschaft, die auf natürlichen Kreisläufen beruht, und erneuerbare Energiequellen wie Solar- und Windkraft sind Beispiele dafür. Bei der Nutzung berücksichtigen wir, dass die Natur uns nicht unbegrenzt dienen kann, und handeln daher mit Achtsamkeit und Respekt.

- **Ausbeutung**: Im Gegensatz dazu steht die Ausbeutung – eine Form der Nutzung, die die Ressourcen der Erde über ihre Fähigkeit zur Erneuerung hinaus strapaziert. Hier geht es nicht um Balance oder Respekt, sondern um maximalen Profit und kurzfristigen Nutzen. Beispiele hierfür sind die illegale Abholzung von Wäldern, der Abbau von Rohstoffen ohne Rücksicht auf die Umwelt oder die massenhafte Viehzucht, bei der das Wohl der Tiere ignoriert wird. Diese Art der Ausbeutung führt unweigerlich zu der Zerstörung von Ökosystemen, der Ausrottung von Arten und der Vergiftung von Luft, Wasser und Boden.

Der Unterschied zwischen Nutzung und Ausbeutung ist also nicht nur eine Frage der Menge, sondern auch der Haltung: Die Nutzung kann die Erde respektvoll einbeziehen, während die Ausbeutung sie lediglich als Werkzeug zur Steigerung menschlichen Wohlstands betrachtet, ohne Rücksicht auf die langfristigen Konsequenzen.

▶ Beispiele aus der Geschichte und Gegenwart, die die Folgen dieser Denkweise zeigen

Die Kolonialisierung und Ausbeutung von Ressourcen: Im Zuge der europäischen Kolonialisierung wurden nicht nur Menschen unterdrückt, sondern auch natürliche Ressourcen weltweit ausgebeutet. Wälder in Südamerika, Afrika und Asien wurden abgeholzt, um Plantagen und Minen zu errichten, und die Böden wurden so intensiv genutzt, dass sie ihre Fruchtbarkeit verloren. Der Drang, aus den Kolonien so viel wie möglich herauszuholen, führte zu ökologischen und sozialen Katastrophen, deren Auswirkungen bis heute zu spüren sind – von **Landdegradation** bis zu sozioökonomischen Ungleichgewichten.

Landdegradation entsteht, wenn Böden durch menschliches Handeln ihre Fruchtbarkeit und ökologische Funktion verlieren. Ursachen sind unter anderem die Übernutzung durch intensive Landwirtschaft, Monokulturen oder Überweidung, ebenso wie Abholzung, Versalzung durch falsche Bewässerung, Bodenversiegelung und Umweltverschmutzung. Auch der Klimawandel beschleunigt diesen Prozess durch veränderte Niederschläge und Extremwetter. Die Folgen sind verheerend: Der Boden bringt weniger Erträge, Lebensräume und Artenvielfalt gehen verloren, Armut und Migration nehmen zu. Zudem verschärft degradierter Boden die Klimakrise, weil er weniger CO_2 speichern kann.

Die industrielle Revolution: Während die industrielle Revolution den Menschen wirtschaftlichen Wohlstand brachte, hatte sie dramatische Auswirkungen auf die Umwelt. Der ungebremste Einsatz fossiler Brennstoffe, die massenhafte Produktion und der exzessive Konsum von Ressourcen führten zu einer beispiellosen Umweltverschmutzung. In vielen Städten war die Luftqualität so schlecht, dass sie gesundheitliche Krisen verursachte. Das Recht auf Ausbeutung wurde zu einem Mantra der Industrialisierung, die für die heutigen globalen Umweltproblemen mitverantwortlich ist.

Die Zerstörung von Regenwäldern: Heute ist die Abholzung von Regenwäldern ein bedeutendes Beispiel für die Ausbeutung der Natur. Wälder in Brasilien, Indonesien und anderen tropischen Regionen werden abgeholzt, um Platz für Landwirtschaft, Viehzucht und Holzernte zu schaffen. Diese Wälder sind jedoch nicht nur lebenswichtig für das Klima, sondern auch Heimat von Millionen von Tierarten und vielen indigenen Gemeinschaften. Das falsche Verständnis des Rechts auf Ausbeutung hat zu einer drastischen Zerstörung dieser lebenswichtigen Ökosysteme geführt.

Massentierhaltung und Landwirtschaft: Die industrielle Massentierhaltung ist ein weiteres Beispiel für die Ausbeutung der Natur im Namen des menschlichen Konsums. Hier wird die Erde nicht nachhaltig genutzt, sondern sie wird überstrapaziert – von den Böden, die für den Futtermittelanbau beansprucht werden, bis hin zu den Tieren, die in beengten, unnatürlichen Bedingungen leben müssen. Diese

Praktiken führen nicht nur zu einem immensen Leid für Tiere, sondern auch zur Verschmutzung von Wasser und Boden, zur Zerstörung von Lebensräumen und zur Emission von Treibhausgasen.

Qualzucht und Tiersport: Tiere, die für bestimmte Merkmale gezüchtet werden, leiden oft an erheblichen gesundheitlichen Problemen wie Atemnot oder Gelenkproblemen. Hier steht der ästhetische oder kommerzielle Nutzen über dem Wohlergehen der Tiere. Ähnlich verhält es sich beim Tiersport. Pferde, Hunde oder andere Tiere werden oft über ihre natürlichen Belastungsgrenzen hinaus trainiert und eingesetzt, um menschliche Unterhaltung oder sportliche Erfolge zu ermöglichen. Körperliche und psychische Schäden werden dann ignoriert oder als notwendig akzeptiert.

Wir müssen uns dringend von der Vorstellung lösen, dass die Erde nur ein Werkzeug für unsere eigenen Zwecke ist. Stattdessen sollten wir lernen, die Natur als Partnerin zu sehen, mit der wir respektvoll und nachhaltig zusammenarbeiten können. Das liegt in unserer Verantwortung.

Ein Wort zum Wald – in eigener Sache

Wälder sind Lebensraum, Klimaschützer und Hoffnungsträger. Aus persönlicher Überzeugung wähle ich einen Verlag, der Bücher erst dann druckt, wenn sie bestellt werden („on demand"), und unterstütze mit einem Teil meines Honorars Aufforstungsprojekte, unter anderem über die Organisation „Prima Klima e. V.".

Die Gewalt der Zerstörung: Krieg, Umweltverschmutzung und Naturkatastrophen

Es gibt kaum eine gewaltsamere Art der Zerstörung als den Krieg. Wir nehmen Menschen ihre Familien, ihre Sicherheit, ihr Zuhause, und die Erde berauben wir um das, was ihr gehört. Jeder Krieg ist ein Krieg gegen die Natur. Mit jedem Bombeneinschlag und jedem brennenden Ölfeld verursachen wir eine Katastrophe. Wir sind fähig zu Mitgefühl und Reflexion – doch wir sind auch fähig, systematisch zu zerstören. Diejenigen, die Macht ausüben, wissen: Wer Angst hat, gehorcht. Angst macht Menschen kontrollierbar, sei es durch autoritäre Herrschaft oder durch militärische Eskalation. Und während wir Menschen einander bekämpfen, erleidet auch die Erde tiefe Wunden, oftmals mit langfristigeren Folgen als für uns selbst.

▶ Krieg trifft die Erde

Es ist ein Widerspruch, dass wir uns als zivilisierte Spezies bezeichnen und gleichzeitig gezielt andere töten, Länder verwüsten und Lebensräume auslöschen. Wir richten Waffen nicht nur aufeinander, sondern auch auf Böden, Gewässer, Wälder – auf das Netz des Lebens, das uns alle trägt.

Kriege sind nicht nur humanitäre, sondern auch ökologische Katastrophen. Die gezielte oder beiläufige Zerstörung von Infrastrukturen kontaminiert Wasserquellen, vergiftet Böden und zerstört fruchtbares Land. Wälder werden abgeholzt, um sich frei zu bewegen oder Ressourcen zu kontrollieren. Tiere sterben, weil ihre Lebensräume vernichtet werden oder sie zwischen die Fronten geraten.

Ein Beispiel dafür ist der Golfkrieg (1990–1991), in dem absichtlich Ölquellen in Brand gesetzt wurden. Die Folgen waren verheerend: giftiger Rauch, großflächige Ölpest, langfristige Schäden für Klima, Boden und Meeresleben. Die Natur braucht Jahrzehnte – wenn nicht Jahrhunderte –, um sich davon zu erholen.

▶ Gewalt ohne schlechtes Gewissen

Auch im Krieg gilt: Ressourcen werden ausgebeutet, ohne Rücksicht auf die Folgen. Krieg ist oft nur ein anderes Gesicht derselben Gier, die auch für die Umweltzerstörung in friedlichen Zeiten verantwortlich ist. Es geht um Öl, um Wasser, um fruchtbare Böden, um Macht über das, was

Leben möglich macht. In Regionen wie Zentralafrika zeigt sich das besonders deutlich: Kriege werden um Diamanten, Gold, seltene Erden oder Holz geführt. Dabei wird nicht nur die menschliche Ordnung destabilisiert, sondern auch die ökologische. Was zurückbleibt, sind zerstörte Ökosysteme, unfruchtbare Böden, vergiftete Flüsse und eine Gesellschaft, der die natürlichen Grundlagen entzogen wurden.

Aber auch jenseits bewaffneter Konflikte wird Umweltzerstörung zur Ursache von Gewalt. Wasserknappheit, verbrannte Ackerflächen, Ernteausfälle – das alles erzeugt Spannungen, die zu innergesellschaftlichen oder internationalen Konflikten führen können. Der Klimawandel ist kein abstraktes Szenario mehr, sondern ein treibender Faktor für Migration, Konflikte und politische Instabilität.

▶ Jeder Krieg ist auch ein Krieg gegen die Zukunft

Was in Kriegen zerstört wird, lässt sich oft nicht reparieren. Böden verlieren ihre Fruchtbarkeit, Arten sterben aus, Kulturlandschaften verschwinden. Und weil Kriege enorme Ressourcen verschlingen, fehlt das Geld dort, wo es dringend gebraucht wird, zum Beispiel im Wiederaufbau ökologischer Schutzsysteme oder im Klimaschutz.

Krieg erhöht den CO_2-Ausstoß massiv. Die Produktion und Nutzung von Waffen, der Transport von Truppen, die Zerstörung von Wäldern beschleunigen die Erderwärmung.

Der Wiederaufbau verschlingt weitere Ressourcen und verlängert den **ökologischen Fußabdruck** eines Konflikts um Jahrzehnte.

Der **ökologische Fußabdruck** ist ein Maß dafür, wie viel natürliche Ressourcen ein Mensch, eine Gruppe oder ein Land verbraucht, also wie viel Fläche auf der Erde nötig ist, um diesen Verbrauch dauerhaft bereitzustellen. Dazu zählen unter anderem der Energieverbrauch, die Ernährung, der Konsum und der CO_2-Ausstoß. Je größer der Fußabdruck, desto stärker ist die Umweltbelastung.

In Syrien führte der Krieg nicht nur zu unermesslichem menschlichem Leid, sondern auch zur Zerstörung von Landwirtschaft, Wasserinfrastruktur und Wäldern mit Folgen für die gesamte Region. Auch in der Ukraine zeigen sich gravierende Umweltschäden: verseuchte Böden, zerstörte Ackerflächen, kontaminierte Gewässer. Der Krieg ist dort nicht nur gegen Menschen gerichtet, sondern auch gegen ihre Lebensgrundlagen.

▶ Die Erde wird zur Zielscheibe menschlicher Gewalt

Jeder Krieg destabilisiert nicht nur Gesellschaften, sondern auch das ökologische Gleichgewicht. Jede Rakete, jeder Luftangriff ist nicht nur ein Angriff auf eine Stadt oder ein Ziel, sondern auch auf die Lebensbedingungen kommender Generationen. Mit jeder Explosion, jedem Bombeneinschlag fügen wir allem Leben Schaden zu – und schlagen im wahrsten Sinne des Wortes auf die Erde ein. Auf diesen scheinbar stillen, blauen Planeten, der schutzlos durchs All treibt und all unsere Wunden aushält. Wir wissen nicht, wie tief die Narben reichen, die wir ihr zufügen. Wie lange sie brauchen, um zu heilen – oder ob sie überhaupt jemals heilen. Was wir zerstören, ist nicht nur Oberfläche. Es sind Lebenszyklen, Gleichgewichte, Zusammenhänge, die wir nicht einmal in Gänze verstehen. Die Erde wehrt sich nicht, aber sie reagiert. Mit Erschöpfung. Mit Wandel. Und mit Folgen, die letztlich auch uns treffen.

Krieg mag kurzfristige Siege bringen, doch wichtiger sind die langfristigen Verluste. Er vernichtet, was sich nicht so leicht wiederherstellen lässt: Vertrauen, Heimat, Lebensräume, Bodenfruchtbarkeit, Artenvielfalt. Was wir in Jahrzehnten aufgebaut haben, zerstören wir in Tagen, ohne zu wissen, ob sich die Erde je davon erholen kann.

We've got the power

Die Zerstörung der Umwelt und Naturkatastrophen – sei es durch kriegerische Auseinandersetzungen oder durch den übermäßigen Verbrauch natürlicher Ressourcen – trägt zur Vergrößerung des globalen ökologischen Fußabdrucks bei und hat weitreichende Konsequenzen für das Überleben auf diesem Planeten. Die Zerstörung der natürlichen Welt bedeutet letztlich die Zerstörung unserer eigenen Lebensgrundlage – die Weichen dafür stellen wir selbst.

Warum wir zum Arschloch werden

Wenn wir uns die verschiedenen Orte der Macht anschauen – ob Einzelpersonen, Unternehmen, Politik oder Konzerne – merken wir schnell: Alle verfolgen ihr ureigenes Interesse. Und meistens geht es dabei um Geld. Und um Einfluss. Doch warum sind wir bereit, die Welt zu zerstören, um unsere Bedürfnisse vor die der anderen zu stellen? Schauen wir mal genauer hin:

I. Angst als Triebkraft

1. Bedeutungslosigkeit

Die Angst, keine Rolle zu spielen, treibt viele Menschen in ein permanentes Streben nach Relevanz. Wer Macht, Erfolg und Konsum anhäuft, glaubt, sichtbar und wichtig zu bleiben, im Kleinen wie im Großen. Auch Unternehmen wollen „relevant" bleiben. Wer nicht wächst, wird verdrängt. Wer nicht performt, verliert. So wird Zerstörung zum Kollateralschaden des Überlebens.

2. Schwäche & Kontrollverlust

In einer Welt, die Stärke glorifiziert, gilt Verletzlichkeit als Makel. Also verbergen Menschen und Organisationen ihre Unsicherheiten hinter Dominanz, Arroganz oder Zynismus. Kontrolle wird zum Gegengift – gegen die Angst, ausgeliefert zu sein. Das Resultat: Härte, Rücksichtslosigkeit, toxische Systeme.

3. Vergänglichkeit

Auch der Tod spielt mit. Das Wissen um unsere Endlichkeit lässt viele in einen Rausch aus Einfluss, Besitz und Unsterblichkeitsfantasien flüchten. Bei Konzernen heißt das: Den Status quo um jeden Preis sichern. Wandel wäre ein Risiko und damit eine Gefahr für die eigene Existenz.

II. Systemische Verstärkung

4. Sozialisation & Unternehmenskultur

Was wie Egoismus aussieht, ist oft anerzogen. In Umfeldern, in denen Gier und Macht als normal gelten, übernehmen Menschen diese Muster – oft unbewusst. Auch Unternehmen reproduzieren diese Dynamiken. Kultur prägt Verhalten. Und wer überleben will, passt sich an.

5. Arschloch aus Gewohnheit

„Arschloch"-Verhalten wird in vielen Unternehmen und Institutionen zur Norm. Rechtfertigungen wie „Ich habe hart gearbeitet" oder „So funktioniert die Wirtschaft" dienen dazu, Privilegien zu legitimieren. Dabei wird übersehen, dass Reichtum und Macht oft auf der Ausbeutung anderer basieren. Systemische Zwänge – Profitmaximierung, Wettbewerb, Lobbyismus – fördern und verfestigen diese Dynamik. Ein Unternehmen kann sich kaum nachhaltig verhalten, wenn Investierende schnellen Gewinn verlangen; Menschen in der Politik sind an Wahlzyklen gebunden, die kurzfristige Erfolge über langfristige Lösungen stellen.

III. Moralische Abwehr und Entkopplung

6. Selbstschutz

Arroganz ist oft nichts anderes als ein Schutzschild. Wer Verantwortung scheut oder Kritik fürchtet, geht auf Distanz – zu anderen, zur Realität, zu sich selbst. Institutionen perfektionieren diese Technik: Verantwortung wird verteilt, Entscheidungen anonymisiert. Niemand ist schuld, aber alle tragen bei.

7. Empathiemangel & Verantwortungslosigkeit

„Was ich nicht sehe, geht mich nichts an." – Je größer ein Unternehmen oder System, desto leichter lässt sich die Verbindung zwischen Handeln und Wirkung kappen.

Der Mensch im Konzern weiß oft gar nicht, was sein Job ökologisch oder sozial bedeutet. Und wenn doch, verdrängt er es.

8. Fortschrittsrhetorik als Ausrede

„Wachstum", „Innovation", „Sicherheit" – diese Begriffe dienen oft als moralischer Freifahrtschein. Wer sich auf Fortschritt beruft, muss keine Schuld empfinden. Doch wenn unter dem Deckmantel der Entwicklung Lebensgrundlagen zerstört werden, für wen genau ist das ein Fortschritt?

Kapitel 5

Der Weg der Demut und Achtsamkeit

Für alles, was wir tun, haben wir einen für uns guten Grund. Der kann zweifelsfrei hinterfragt werden, vor allem wenn es um Gewalt, Kriege, Umweltverschmutzung und Ausbeutung geht.

Gleichzeitig hilft uns dieses Wissen, einen Blick hinter das Offensichtliche zu werfen: Was veranlasst Menschen an der Macht, diese Entscheidungen zu treffen? Ist es das Bedürfnis nach Sicherheit und Kontrolle, nach Anerkennung und sozialem Status oder vielleicht auch der Wunsch, etwas zu bewirken, die Lebenszeit zu nutzen und Fußspuren zu hinterlassen? Diese Gedanken können dabei helfen, die wahren Absichten zu erkennen, sind aber keine Rechtfertigung für Handlungen, die die Welt zerstören.

▶ Demut lässt uns die wahren Schätze sehen

Demut ist eine Tugend, die in vielen spirituellen und philosophischen Traditionen hochgeschätzt wird. Sie bedeutet, sich selbst als Teil eines größeren Ganzen zu begreifen, ohne sich über andere Lebewesen oder die Natur zu erheben. Wenn wir demütig sind, erkennen wir an, dass wir nicht die Erde beherrschen, sondern Teil eines komplexen, miteinander verflochtenen Ökosystems sind, das wir respektieren und schützen sollten. Diese Haltung beinhaltet ein tiefes Verständnis dafür, dass wir nicht unendlich Macht über die Erde und ihre Ressourcen besitzen und dass wir Verantwortung tragen, unsere Umwelt nicht auszubeuten oder zu schädigen.

Demut bedeutet auch, unsere eigenen Grenzen zu erkennen, sowohl als Individuen als auch als Spezies. Die Erde ist kein unerschöpfliches Reservoir für menschliche Bedürfnisse, und unser Wohlstand sollte niemals auf Kosten des Wohlstands anderer oder der Zukunft des Planeten gehen. Durch Demut werden wir uns dieser Tatsache bewusst und können das eigene Verhalten an die Natur und ihren Bedürfnissen ausrichten.

Wir müssen uns eingestehen, dass wir nicht unabhängig von der Erde existieren – ohne saubere Luft, frisches Wasser, fruchtbare Böden und ein stabiles Klima könnten wir nicht überleben.

Diese Demut gilt der Natur als Ganzem und auch konkret den Tieren und Pflanzen, mit denen wir diesen Planeten teilen. Sie sind keine Objekte, die uns dienen, sondern Lebewesen, die genauso das Recht haben, in einer intakten und respektierten Umwelt zu leben.

▶ Achtsamkeit hilft uns, im Jetzt zu leben

Achtsamkeit ist eine Lebensweise, die uns hilft, wieder mit der Natur in Einklang zu kommen. Sie bedeutet, im Hier und Jetzt präsent zu sein, das Leben in seiner vollen Tiefe wahrzunehmen und zu respektieren. Achtsamkeit im Kontext der Umwelt bedeutet, bewusst und mit Respekt auf die Auswirkungen unseres Handelns auf die Natur und das Leben, das uns umgibt, zu achten.

Wenn wir achtsam sind, nehmen wir die Schönheit und den Reichtum der natürlichen Welt wahr, die Bäume, die Vögel, das Wasser, die Erde. Diese Wahrnehmung führt uns zu einem tieferen Bewusstsein für die Verwundbarkeit der Natur und der Lebewesen, die von ihr abhängen. Sie lässt uns verstehen, dass die Erde nicht etwas ist, das wir einfach nutzen oder verbrauchen können, sondern dass sie ein lebendiger Organismus ist, der gepflegt und geachtet werden muss.

Achtsamkeit bedeutet auch, die Konsequenzen unserer Entscheidungen im Alltag zu reflektieren – von der Wahl des Transportmittels bis hin zu den Lebensmitteln, die wir konsumieren, und den Produkten, die wir kaufen. Ein achtsamer Umgang mit der Umwelt kann uns dabei helfen, unbewusste Gewohnheiten zu erkennen, die schädlich für die Natur sind, und bewusstere, nachhaltigere Alternativen zu wählen.

▸ Praktische Schritte für ein umweltbewussteres Leben

Die Integration von Demut und Achtsamkeit in unser tägliches Leben erfordert keine radikalen Umstellungen, sondern vielmehr eine Veränderung unserer Denkweise und der täglichen Gewohnheiten.

1. **Bewusster Konsum**: Wenn wir darauf achten, was wir konsumieren, fangen wir an, weniger zu kaufen, weil wir merken, dass wir gar nicht so viel brauchen. Das Glücksgefühl, das wir durch Konsum spüren, hat keine langfristige Wirkung. Wir können Produkte bevorzugen, die nachhaltig und umweltfreundlich hergestellt wurden und Einwegplastik vermeiden. Indem wir auf langlebige, wiederverwendbare Produkte achten, leisten wir bereits Großes.

2. **Ernährung und Tierhaltung**: Eine pflanzenbasierte Ernährung oder die Reduzierung des Fleischkonsums kann den ökologischen Fußabdruck erheblich verringern. Die industrielle Tierhaltung trägt in erheblichem Maße zu Klimawandel, Umweltverschmutzung und Ressourcenverschwendung bei. Durch eine nachhaltige Landwirtschaft können wir bedeutsame Veränderungen bewirken.

3. **Ein nachhaltiger Umgang mit Tiersport und -unterhaltung:** Das bedeutet, auf das Wohl der Tiere zu achten und ethische, respektvolle Praktiken zu fördern, auch in Zoos, Zirkussen, bei Turnieren etc. Wir können alle einen Beitrag leisten, indem wir bewusst entscheiden, wie wir mit Tieren in Freizeit und Sport umgehen, und Aktivitäten unterstützen, die das Wohl der Tiere in den Mittelpunkt stellen.

4. **Nachhaltige Mobilität:** Weniger Auto fahren reduziert CO_2-Emissionen und verbessert die Luftqualität. Wenn ein Auto nötig ist, kann Carsharing eine nachhaltige Alternative sein. Andernfalls sind Fahrrad, Laufen, Bus oder Bahn umweltfreundliche Optionen – auch wenn es manchmal länger dauert.

5. **Energieverbrauch senken**: Wie hoch ist dein Energieverbrauch? Durch den Einsatz energieeffizienter Geräte, das Reduzieren von Stromverschwendung und den Wechsel zu erneuerbaren Energiequellen (wie Solarenergie) können wir unsere CO_2-Emissionen deutlich verringern.

6. **Abfallvermeidung und Recycling**: Mülltrennung und Recycling sind einfache, aber sehr effektive Möglichkeiten, die Umwelt zu schonen. Noch besser ist es, Abfall zu vermeiden, indem wir Produkte ohne unnötige Verpackungen kaufen und wiederverwendbare Materialien nutzen.

7. **Leben im Einklang lernen**: Ein tiefes Verständnis der natürlichen Zyklen hilft uns, nachhaltig zu handeln und im Einklang mit der Erde zu leben. Indigene Völker bieten wertvolle Weisheiten, die uns lehren, die Natur zu respektieren und Verantwortung für die Ressourcen zu übernehmen.

8. **Bildung und Bewusstsein**: Indem wir uns über die ökologischen Probleme der Welt informieren und unser Wissen weitergeben, können wir eine positive Veränderung in unserem Umfeld anregen. Bildung schafft ein breiteres Bewusstsein.

9. **Förderung von Naturschutzprojekten**: Organisationen zu unterstützen, die sich für den Erhalt der Natur einsetzen, ist eine weitere Möglichkeit, sich für den Umweltschutz zu engagieren. Spenden oder freiwillige Arbeit für Naturschutzprojekte haben direkte positive Auswirkungen auf lokale Ökosysteme.

10. **Der Zukunft Raum geben:** Heutige Entscheidungen so treffen, dass kommende Generationen ihren eigenen Weg finden können.

Es ist frustrierend, im Kleinen sein Bestes zu geben und die großen Unternehmen und Konzerne mit den Maßnahmen nicht zu erreichen. Deshalb richtet sich dieser Appell wirklich an alle: We don't have a million chances! Fangt an, das Wohl der Erde an erste Stelle zu setzen. Bei all euren Entscheidungen.

Kapitel 6

Ein neues Miteinander: Solidarität mit der Erde

„Weniger ist mehr" – das sagt sich leicht. Doch wer bewusst mit weniger lebt, findet oft mehr Zufriedenheit. Weniger zu wollen heißt nicht Verzicht, sondern Freiheit: die Freiheit, sich von äußeren Zwängen wie Konsumdruck, Statusdenken und schnellen Belohnungen zu lösen. Diese Haltung stärkt Achtsamkeit, Selbstreflexion und ein nachhaltigeres Miteinander.

Während an vielen Orten neue Rechenzentren entstehen und ihre Abwärme ungenutzt in die Atmosphäre strömt, sollten wir innehalten und uns fragen: Brauchen wir wirklich immer mehr Rechenleistung – oder brauchen wir ein neues Verständnis von Fortschritt und Lebensqualität? Der Mensch kann mit weniger leben. Die Erde nicht.

▶ Der Ansatz des „Stepping Down"

In einer Welt, in der ständig der Drang besteht, mehr zu haben, mehr zu erreichen und mehr zu konsumieren, ist der Ansatz des „Stepping Down" ein bewusster Schritt zurück. „Stepping Down" bedeutet, sich von überhöhten Ansprüchen und Erwartungen zu befreien und sich auf das Wesentliche zu konzentrieren. Es ist eine Einladung, weniger zu wollen, weniger zu konsumieren und weniger auf Kosten anderer und der Erde zu leben.

Dieser Ansatz fordert uns heraus, über den „Mehr-ist-besser"-Gedanken hinauszugehen und die Vorstellung von Wohlstand neu zu definieren. Wohlstand bedeutet nicht, immer mehr materielle Güter zu besitzen, sondern in Harmonie mit uns selbst, anderen und der Natur zu leben. Weniger zu haben bedeutet nicht weniger Lebensqualität, sondern mehr Raum für das Wesentliche – für Zeit, für Beziehungen, für die Pflege unserer Erde und für die Entwicklung unserer eigenen inneren Stärke.

„Stepping Down" ist auch eine Antwort auf die Überlastung der Erde. Wir leben in einer Gesellschaft, die auf einem ständigen Wachstum basiert. Doch ungebremstes Wachstum führt zu Erschöpfung der Ressourcen, zu Umweltzerstörung und zu sozialen Ungleichgewichten. Wenn wir uns von der Vorstellung verabschieden, immer mehr zu benötigen, können wir eine nachhaltige Lebensweise kultivieren, die sowohl unseren Bedürfnissen gerecht wird als auch die Bedürfnisse des Planeten respektiert.

▸ Rücksichtnahme auf die Erde

Der Weg zu einem neuen Miteinander beginnt mit Rücksichtnahme. Rücksichtnahme auf die Erde und auf die vielen Lebewesen, mit denen wir diesen Planeten teilen. Tiere, Pflanzen und das gesamte Ökosystem sind keine Ressourcen, die wir nach Belieben ausbeuten dürfen. Sie sind Mitgeschöpfe, die ebenso ein Recht auf Leben und Wohlstand haben.

Rücksichtnahme bedeutet, die Bedürfnisse der Erde ebenso ernst zu nehmen wie unsere eigenen. Es geht darum, unsere Handlungen im Einklang mit der Natur zu gestalten, ihre Ressourcen zu schonen und die Vielfalt des Lebens zu respektieren. Wir sind Teil eines größeren Ganzen – ein Netzwerk, in dem jede Handlung Konsequenzen hat.

Diese Rücksichtnahme muss sich auf unsere Konsumgewohnheiten, unseren Umgang mit Tieren, unseren Energieverbrauch und unsere Nutzung von Ressourcen erstrecken. Wir müssen uns bewusst dafür entscheiden, weniger zu verbrauchen, nachhaltigere Produkte zu wählen und die Umwelt weniger zu belasten. Es bedeutet auch, dass wir Verantwortung für den Zustand unseres Planeten übernehmen und uns für seinen Schutz und seine Erhaltung einsetzen.

▸ „Stepping Down" – auch als Friedenshaltung

Der Ansatz des „Stepping Down" betrifft nicht nur Konsum und Lebensstil, sondern auch unser Verhältnis zu Macht, Wettbewerb und Konflikt. In einer Welt, in der Ressourcen knapp und Ungleichheiten groß sind, entsteht schnell Konkurrenz – zwischen Menschen, Staaten, Märkten. Diese Konkurrenz kann in Gewalt münden: in Ausbeutung, Unterdrückung, Krieg.

Wer sich für weniger entscheidet – weniger Gier, weniger Abgrenzung, weniger Feindbilder – wählt auch eine Haltung des Friedens. Frieden beginnt nicht erst auf diplomatischer Ebene, sondern in unseren Alltagsentscheidungen: wie wir konsumieren, wie wir über andere denken, wie wir mit der Erde umgehen.

Solidarität mit der Erde ist deshalb immer auch Solidarität mit allen, die unter den Folgen von Konflikten, Umweltzerstörung oder wirtschaftlicher Ausbeutung leiden, und ein Versuch, nicht länger Teil dieser Spirale zu sein.

▸ Ungewöhnliche Ideen für das „Stepping Down"

Was können wir tun, um ein nachhaltigeres und solidarischeres Leben zu führen? Hier ein paar bekannte und weniger bekannte Impulse, um von unseren Ansprüchen zurückzutreten:

I. Energie teilen und die Nutzung dezentralisieren

1. Globale Energieteilung: Um den Energieverbrauch effizienter zu gestalten, könnten wir ihn nach Tageszeiten und Regionen koordinieren. Nachts wird Energie in ruhigen Gegenden reduziert, während tagsüber überschüssige Energie in aktiven Regionen genutzt oder bereitgestellt wird.

2. Energie-Sharing-Modelle: Lokale Gemeinschaften könnten „Energie-Pools" etablieren, in denen überschüssige Solar- oder Windenergie in der Nachbarschaft geteilt wird.

II. Internet- und Technologiekonsum reduzieren

3. Bewusster Internetgebrauch: Statt ständig online zu sein, könnten wir den Internetzugang auf bestimmte Tageszeiten oder wichtige Kommunikation begrenzen und auf permanente Verbindungen verzichten.

4. Digitale Fastenperioden: Um Datenübertragung und Energie zu sparen, entscheiden wir uns für bestimmte Zeiten, z. B. im Urlaub, am Wochenende oder bei Verabredungen bewusst für ein „Digital Detox" und lassen unsere Geräte auf Sparflamme laufen – oder lassen sie aus.

5. Server-Entlastung durch „Sleep Mode": Große Rechenzentren könnten ihre Aktivität bedarfsorientiert steuern, statt rund um die Uhr zu laufen. Ein global koordinierter „Schlafmodus" würde den Verbrauch deutlich reduzieren.

III. Gemeinsame Nutzung von Ressourcen: Umverteilen des Wohlstands

6. Weniger Besitzen, mehr Teilen: Statt Besitz als Statussymbol zu sehen, könnte die gemeinschaftliche Nutzung von Autos, Werkzeugen oder Wohnraum verstärkt werden, um Materialverbrauch und CO_2-Ausstoß zu verringern.

7. Ressourcengemeinschaften statt Konsumgemeinschaften: Gemeinschaftsgärten, Küchen oder nachhaltige Wohnprojekte können den individuellen Ressourcenverbrauch senken, indem sie kollektive Nutzung fördern.

IV. Rückkehr zur natürlichen Rhythmik: Zirkuläre Zeit

8. Zirkulärer Zeitrahmen: Lasst uns den Druck des 24/7-Lebensstils hinterfragen, um wieder einem natürlichen Rhythmus zu folgen. Arbeit wird intensiviert, wenn Energie verfügbar ist, und Ruhezeiten schenken auch der Umwelt eine Pause.

9. Nachhaltige Arbeitszeiten: Saisonale Pausen oder reduzierte Arbeitszeit in Wintermonaten minimieren Ressourcenverbrauch und Umweltauswirkungen durch ständige Verfügbarkeit.

V. Nahrungsmitteltausch und -reduzierung

10. Kollektiver Konsum: Städte könnten Tauschbörsen für Lebensmittel schaffen, bei denen Überschüsse von

Haushalten, Gärten oder Bauern gegen andere Produkte getauscht werden, um Verschwendung zu reduzieren.

11. Essen nach Bedarf: Indem wir unser Essverhalten an den tatsächlichen Bedarf anpassen und weniger Vorräte anlegen, verringern wir den Ressourcenverbrauch. Restaurants könnten kleinere Portionen und bewussteren Konsum fördern.

12. Saisonale Ernte: An apple a day? Gerne – aber bitte zur Erntezeit. Wer saisonal isst, spart Energie für Lagerung und Transport, stärkt regionale Betriebe und lernt, den natürlichen Rhythmus wieder wertzuschätzen. So wird Essen zum Teil eines solidarischen Kreislaufs.

VI. Abkehr vom Überkonsum von „Erfahrungen"

13. Slow Travel: Statt ständig neue Abenteuer zu suchen, könnte „Slow Travel" mit Zugreisen und dem bewussten Erkunden lokaler Kulturen gefördert werden.

14. Erfahrungs-Sharing: Anstelle immer neuer, teurer Erlebnisse legen wir mehr Wert auf gemeinsames Teilen von Erfahrungen, z. B. in Workshops oder mit Familie und Freunden.

VII. Wasserkreisläufe neu denken: Überschüsse speichern, Mangel ausgleichen

15. Wasser als solidarisches Gemeingut: Angesichts extremer Wetterlagen könnten wir lernen, Wasser dort zu speichern, wo es zu viel ist, und gerecht zu verteilen, wo es fehlt.

16. Schwammstädte und Rückhalteflächen: Städte könnten mit begrünten Dächern, versickerungsfähigen Wegen und Rückhaltebecken Starkregen auffangen und Wasser lokal speichern, z. B. für Bewässerung oder Brauchwasser.

17. Wassergemeinschaften und lokale Zisternen: Ähnlich wie bei Energie-Pools könnten Nachbarschaften gemeinschaftliche Wasserspeicher betreiben, die gemeinsam finanziert und genutzt werden, um eine solidarische Versorgung zu sichern.

18. Langfristige Speicher und Wasser-Reallokation: Überschüssiges Wasser könnte in unterirdische Speicher geleitet und in Trockenzeiten genutzt werden. Wasser muss dabei Gemeingut bleiben, nicht Handelsware.

VIII. Innerstädtische Maßnahmen

19. Begrünung der Innenstädte zur Hitzeminderung: Mehr Grünflächen, Bäume und begrünte Dächer verringern den Hitzeinseleffekt, verbessern die Luftqualität und fördern das Wohlbefinden.

20. Überdachung von Parkplätzen: Parkplätze könnten mit Solarpanelen oder Begrünung überdacht werden, um Energie zu gewinnen und die Umgebungstemperatur zu senken.

21. Förderung von autofreien Zonen: Durch Ausweitung autofreier Bereiche wird die Luftverschmutzung reduziert, der Straßenraum lebenswerter und nachhaltige Mobilität gefördert.

22. Verbesserung des öffentlichen Nahverkehrs: Ein umweltfreundlicher, barrierefreier Nahverkehr mit hoher Taktfrequenz und bezahlbaren Tickets kann vielerorts Individualverkehr und Emissionen senken.

23. Nutzung von Regenwasser in der Stadt: Regenwasser wird gesammelt und für Bewässerung oder technische Zwecke genutzt, was Wasserressourcen schont.

24. Feuerwerk: Das laute Farbspektakel zu Silvester wird an zentralen Plätzen ausgerichtet – oder im Sinne von Umwelt und Tieren ganz weggelassen.

Embracing less

„Stepping Down" bedeutet, den Drang nach immer mehr loszulassen und die Verantwortung für unser Handeln zu übernehmen. Es geht darum, den Fokus von Konsum und Besitz auf das Wesentliche zu lenken – mehr Zeit, mehr Achtsamkeit und mehr Verbindung zu uns selbst, zueinander und zur Erde.

Einladung zur Reflexion

Was bedeutet „weniger" für mich – und wo fühlt es sich wie Befreiung an?

Welche Konsumgewohnheit könnte ich loslassen, ohne an Lebensqualität zu verlieren?

Wie trage ich – bewusst oder unbewusst – zu Ungleichheit oder Umweltbelastung bei?

Welche kleinen Schritte könnte ich gehen, um achtsamer, friedlicher und verbundener zu leben?

Was würde sich in meinem Leben ändern, wenn ich Wohlstand neu definieren würde?

Wie kann ich in meinem Umfeld den Gedanken des Teilens oder Reduzierens stärken?

Die Psychologie des Wandels

Veränderung fällt uns selten leicht, denn sie verlangt, dass wir unsere gewohnten Muster hinterfragen und aufbrechen. Auch wenn wir einmal motiviert sind, das Fahrrad aus dem Keller zu holen, stehen wir im Alltag schnell wieder vor alten Versuchungen: Das Auto wartet direkt vor der Tür, das Rad hingegen ist umständlich verstaut. Doch was, wenn es andersherum wäre? Wenn das Fahrrad direkt vor der Tür steht und das Auto schwer zugänglich ist? Dann verschieben sich unsere Entscheidungen unmerklich, aber wirkungsvoll.

Psychologie des Wandels betrifft nicht nur Einzelne. Auch Unternehmen, Institutionen und Verantwortliche in der Politik unterliegen psychologischen Dynamiken, denn hinter jeder Entscheidung stehen Menschen. Widerstand gegen Wandel, der Wunsch nach Kontrolle, Angst vor Verlusten oder das Festhalten an vertrauten Mustern wirken überall dort, wo Menschen Verantwortung tragen. Wenn wir diese Mechanismen verstehen, können wir nicht nur das eigene Verhalten besser einordnen, sondern auch strukturelle Veränderung empathischer, klüger und langfristig wirksamer gestalten.

▶ Kognitive Dissonanz – Das innere Dilemma

Kognitive Dissonanz entsteht, wenn unsere Überzeugungen nicht zu unserem Verhalten passen. Zum Beispiel wissen viele Menschen, dass der Klimawandel eine ernsthafte Bedrohung ist – und kaufen trotzdem „Fast Fashion" oder fliegen Kurzstrecken. Der innere Widerspruch erzeugt Spannung, die wir oft durch Rechtfertigungen auflösen („Nachhaltig leben ist zu teuer", „Ein einzelner Flug ändert doch nichts"). Anstatt Verhalten zu ändern, verändern wir unsere Argumente, weil es einfacher ist, den Komfort der Gewohnheit zu bewahren, als den eigenen Lebensstil infrage zu stellen. Diese Dynamik ist ein zentrales Hindernis für nachhaltigen Wandel.

▶ Langsam, aber stetig: Die Kraft kleiner Schritte

Langfristige Veränderungen entstehen selten durch radikale Umbrüche. Viel effektiver sind kleine, kontinuierliche Schritte, die sich nach und nach in unserem Verhalten verankern. Sie wirken weniger bedrohlich und lassen sich leichter in den Alltag integrieren. Wenn wir uns plötzlich der ganzen Wucht der Klimakrise stellen, fühlen wir uns schnell überfordert. Doch kleine Veränderungen, wie weniger

Fleisch essen, den Energieverbrauch hinterfragen oder lokal einkaufen, sind machbar. Sie geben uns das Gefühl von Kontrolle und ermöglichen, Selbstwirksamkeit zu erfahren. Aus kleinen Handlungen entsteht Vertrauen in größere Veränderungen.

▶ Soziale Normen – Wir machen, was andere machen

Menschen sind soziale Wesen. Wir orientieren uns stark am Verhalten anderer, oft mehr, als wir selbst glauben. Wenn alle im Büro den Müll trennen, macht man automatisch mit. Wenn niemand es tut, ist der innere Antrieb geringer, selbst damit anzufangen. Nachhaltiges Verhalten braucht deshalb sichtbare Vorbilder. Wenn wir erleben, dass Personen im Freundes- und Familienkreis, am Arbeitsplatz oder in der Nachbarschaft umdenken und handeln, wird auch in uns der Impuls geweckt, mitzumachen. Veränderung ist ansteckend – im Positiven wie im Negativen.

▶ Belohnung statt Verzicht: Warum unser Gehirn Belohnungen liebt

Unser Verhalten wird stark von Belohnungssystemen im Gehirn gesteuert. Nachhaltigkeit scheint oft mit Verzicht verbunden, es fehlt die direkte positive Rückmeldung. Doch wenn wir sie bewusst sichtbar machen, verändert sich die Wahrnehmung. Wer beispielsweise den Arbeitsweg mit dem Rad zurücklegt, spart Geld, fühlt sich fitter, ist weniger gestresst – das sind spürbare Vorteile. Wenn wir diese „Belohnungen" betonen, wird nachhaltiges Verhalten attraktiv statt mühsam.

▶ Emotion schlägt Information: Warum Fakten allein nicht reichen

Menschen handeln selten allein auf Basis von Fakten. Viel einflussreicher sind Emotionen, Beziehungen und persönliche Geschichten. Wenn wir von den Folgen des Klimawandels hören, fühlen wir ihn nicht automatisch. Doch wenn wir sehen, wie Landwirte ihre Felder verlieren oder Kinder wegen Luftverschmutzung krank werden, entsteht Empathie. Wir brauchen deshalb mehr als Daten: Wir brauchen Narrative, die berühren. Die Verbindung zur Natur, zu anderen Menschen, zur Zukunft unserer Kinder regt oft mehr zu nachhaltigem Handeln an als jede Statistik.

▶ Verlustangst – Warum wir lieber am Alten festhalten

Psychologisch sind wir viel empfindlicher gegenüber dem Verlust von Dingen als gegenüber einem möglichen Gewinn. Diese Verlustaversion („Loss Aversion") erklärt, warum viele Menschen an umweltschädlichen Gewohnheiten festhalten: Sie fürchten den Verlust von Bequemlichkeit, Status oder Genuss. Statt mit Verzicht zu argumentieren, sollten wir zeigen, was wir gewinnen können: Gesundheit, Zeit, Lebensqualität, Ruhe, Verbindung. Der Wandel muss sich nach einem besseren Leben anfühlen, nicht nach Einschränkung.

▶ Subtile Manipulation: Formulierungen hinterfragen

Wie wir über Naturkatastrophen, Klimawandel oder Umweltzerstörung sprechen, beeinflusst, wie wir darüber denken und wie wir handeln. In Medienberichten heißt es etwa: „Gewaltiger Erdrutsch – ganzes Dorf bedroht". Solche Formulierungen stellen Naturereignisse als isolierte Katastrophen dar, die scheinbar plötzlich über uns hereinbrechen. Doch oft sind sie eine Reaktion auf menschliches Handeln: auf Abholzung, Versiegelung, Emissionen oder den Raubbau an Ressourcen. Wenn die Erde als Täterin dargestellt wird, fühlen wir uns in der Opferrolle und weniger verantwortlich. Doch wer nachhaltigen Wandel will, muss genau hinschauen – und genau hinhören. Reden wir von „Unwettern" oder von den Folgen der Erderwärmung? Von „Verzicht" oder von einer klügeren Lebensweise?

▶ Widerstand verstehen – nicht verurteilen

Nicht alle, die zögern, sind ignorant. Widerstand gegen Veränderung ist oft ein Schutzmechanismus: vor Unsicherheit, vor Schuldgefühlen, vor dem Gefühl, zu versagen. Moralischer Druck oder Schuldzuweisungen verstärken diesen Widerstand nur. Stattdessen braucht Wandel Verständnis, Ermutigung und Offenheit. Wenn wir uns gegenseitig helfen, Schritt für Schritt zu gehen, ohne Perfektion zu erwarten, gestalten wir einen Raum, in dem Veränderung wirklich möglich ist.

Kapitel 7

Friedliche Absichten für die Zukunft

In Frieden zu leben, macht glücklich. Es mindert Stress, schenkt uns Vertrauen und ermöglicht uns ein Leben in Sicherheit und Verbindung. Frieden ist eine bewusste Entscheidung. Nicht nur für uns selbst, sondern – wie wir in den vorangegangenen Kapiteln gemerkt haben – auch für die Welt, die unser Zuhause ist.

Doch Frieden steht oft im Widerspruch zu wirtschaftlichen Interessen und politischen Erzählungen: Wenn Unsicherheit den Konsum ankurbelt und Angst als Mittel zur Kontrolle dient, wird Aufrüstung salonfähig. Statt Milliarden in Waffen zu investieren, könnten wir sie in Bildung, Gesundheit oder globale Gerechtigkeit stecken. Warum investieren wir nicht in ein Friedensministerium statt in ein Kriegsministerium?

▸ Frieden als tägliche Praxis

Frieden entsteht nicht allein durch große politische Entscheidungen, sondern vor allem durch kleine, bewusste Handlungen im Alltag. Frieden bedeutet Zuhören, Respekt vor anderen Meinungen und das Vermeiden von Gewalt – nicht nur körperlich, sondern auch in Sprache und Gedanken. Frieden ist eine Haltung, die wir in unseren Beziehungen, am Arbeitsplatz und im Umgang mit der Natur leben können.

▸ Globale Gerechtigkeit als Grundlage für Frieden

Frieden und soziale Gerechtigkeit gehören untrennbar zusammen. Ungleichheit, Ausgrenzung und Armut sind oft Ursachen für Konflikte. Nur durch eine gerechte Verteilung von Ressourcen, Bildung und Chancen können wir dauerhaft Frieden schaffen. Die weltweite Zusammenarbeit für mehr Gerechtigkeit ist daher auch eine Friedensstrategie.

▸ Umdenken bei Sicherheit und Verteidigung

Traditionell wird Sicherheit mit militärischer Stärke gleichgesetzt. Doch echte Sicherheit entsteht durch Vertrauen, Dialog und Kooperation. Investitionen in zivile Konfliktlösung, Friedensbildung und internationale Zusammenarbeit sind nachhaltiger und wirkungsvoller, um Gewalt vorzubeugen und Frieden zu fördern.

▶ Bildung als Schlüssel für eine friedliche und nachhaltige Zukunft

Bildung befähigt Menschen, kritisch zu denken, Empathie zu entwickeln und Verantwortung für die Gemeinschaft zu übernehmen. Eine Bildung, die Frieden, Nachhaltigkeit und globale Zusammenhänge vermittelt, legt die Grundlage für eine friedlichere Zukunft – generationenübergreifend und weltweit.

▶ Umweltgerechtigkeit und Frieden

Die Zerstörung der Umwelt trifft oft die Schwächsten am härtesten und verschärft Konflikte um Ressourcen. Deshalb ist der Schutz unserer natürlichen Lebensgrundlagen auch eine Friedensfrage. Wenn wir die Erde respektvoll behandeln und nachhaltig mit ihren Ressourcen umgehen, schaffen wir eine stabile Basis für ein friedliches Zusammenleben.

▶ Gemeinschaften als Friedensstifter

Lokale Gemeinschaften können Brücken bauen – zwischen Kulturen, Generationen und Interessen. Sie sind wichtige Orte, um Konflikte früh zu erkennen, gemeinsam Lösungen zu finden und eine Kultur des Miteinanders zu fördern. Frieden beginnt dort, wo Menschen miteinander ins Gespräch kommen und sich gegenseitig unterstützen.

▶ Visionen für eine nachhaltige und gerechte Zukunft

Stell dir eine Welt vor, in der wir nicht mehr über die Natur herrschen, sondern mit ihr in Einklang leben. Wo Städte nicht nur aus Beton und Stahl bestehen, sondern grüne Oasen sind, in denen die Natur nicht nebenbei existiert, sondern als gleichwertige Partnerin. In dieser Zukunft denken wir nicht mehr in kurzfristigen Gewinnen, sondern in langfristigen Lösungen, die den Planeten respektieren.

Diese Zukunft ist nicht utopisch. Sie ist möglich, wenn wir beginnen, unsere Werte zu verändern. Wenn wir erkennen, dass wahre Lebensqualität nicht durch Konsum, sondern durch Gemeinschaft, Nachhaltigkeit und Respekt vor dem Leben entsteht. Eine Zukunft, in der wir die Vielfalt der Erde nicht als selbstverständlich ansehen, sondern als kostbares Erbe, das es zu bewahren gilt.

Städte wie Kopenhagen oder Vancouver zeigen bereits, dass es möglich ist, urbane Räume so zu gestalten, dass sie die Natur einbeziehen. Durch grüne Gebäude, nachhaltige Verkehrswege und eine bewusste Energiepolitik haben diese Städte es geschafft, den CO_2-Ausstoß deutlich zu senken und gleichzeitig die Lebensqualität zu steigern. Diese Städte zeigen uns, dass Veränderung möglich ist – und dass wir mit unserem Handeln dazu beitragen können.

▶ Die Welt gehört uns nicht – Wir sind Gäste auf der Durchreise

Du bist zu Gast in einem fremden Land, in einem fremden Haus. Du genießt die Schönheit der Landschaft, die Speisen und Getränke der Gastgebenden, aber du weißt, dass du nur eine begrenzte Zeit hier bist. Du hast nicht das Recht, das Haus nach deinen Wünschen zu verändern oder die Ressourcen zu missbrauchen.

Was, wenn wir die Erde genauso sehen würden? Was, wenn wir uns als Gäste verstehen, die nur vorübergehend hier sind? Wir leben in einem Zuhause, das uns nicht gehört, und unsere Verantwortung liegt darin, es zu bewahren für die Gäste, die nach uns kommen. Unsere Zeit hier ist begrenzt. Wie Gäste sollten wir uns fragen: Was hinterlassen wir? Wie behandeln wir das, was uns zur Verfügung gestellt wurde? Die Erde ist nicht unser Eigentum, sondern ein gemeinsames Zuhause, das wir respektieren und bewahren müssen.

Erwachsene als Vorbild

Wir können nicht von Kindern etwas erwarten, das wir ihnen nicht genauso vorleben. Sie brauchen Menschen, die ihnen zeigen, wie Frieden geht, wie Verzeihen gelingt und wie Konflikte konstruktiv und einfühlsam gelöst werden. Wir prägen sie und entscheiden mit darüber, welche Werte sie im Leben als wichtig erachten. Frieden beginnt bei uns.

1.

Selbstreflexion und Bewusstsein schaffen

Der erste Schritt beginnt bei uns selbst. Es geht darum, ehrlich zu betrachten, wie wir denken, fühlen und handeln und welche Wirkung wir damit erzeugen. Handeln wir aus Egoismus, aus Angst oder aus einem Gefühl der Überlegenheit? Glauben wir, im Recht zu sein, wenn wir uns über anderes Leben oder die Erde stellen? Oder sind wir bereit, uns zu reflektieren und zu erkennen, dass unser Handeln Konsequenzen für andere hat – für Menschen, Tiere, Ökosysteme? Dieses Sich-selbst-bewusst-Werden ist unbequem, aber grundlegend. Denn nur wer sich selbst hinterfragt, kann wirklich etwas verändern.

Empathie entwickeln – Einfühlungsvermögen für andere

Empathie bedeutet, sich mit anderen verbunden zu fühlen – nicht nur mit Menschen, sondern auch mit Tieren, Pflanzen, Landschaften. Was heißt es, sich in das Leben eines anderen Wesens hineinzuversetzen? In die Enge eines Hühnerkäfigs, die Trockenheit eines Feldes, die Überforderung eines Kindes in einer überhitzten Stadt? Wer die Welt nicht nur aus der eigenen Perspektive sieht, erkennt, dass alles Leben verletzlich ist und kostbar. Empathie schafft Verantwortung, weil sie uns fühlen lässt, was andere brauchen.

Verantwortung übernehmen – Für uns und für die Erde

Verantwortung zu übernehmen bedeutet, bewusst zu handeln im Wissen darum, dass unsere Entscheidungen Wirkung haben. Verantwortung beginnt beim täglichen Konsum, reicht über politische Entscheidungen bis hin zu Unternehmensgründungen. Wir können Vorbilder sein – in dem, was wir tun, was wir fördern und was wir ablehnen. Verantwortung heißt auch, andere zu ermutigen, mitzugehen. Denn Wandel braucht Gemeinschaft.

Gleichwertigkeit anerkennen – Partnerschaft statt Dominanz

Eine zentrale Veränderung besteht darin, die Mentalität der Überlegenheit abzulegen. Wir herrschen nicht über die Erde, sondern sind Teil eines komplexen und miteinander verwobenen Systems. Jeder Baum, jedes Tier, jeder Fluss hat seine eigene Bedeutung und Funktion. Wenn wir diese Gleichwertigkeit anerkennen, verändert sich unser Blick auf die Natur: aus einer Ressource wird ein Gegenüber. Aus Ausbeutung wird Beziehung. Und aus Kontrolle entsteht Fürsorge.

Demut üben – Das eigene Ego zurückstellen

Demut bedeutet nicht Unterwerfung, sondern Einsicht. Die Einsicht, dass wir nicht alles verstehen, nicht alles kontrollieren, nicht alles beherrschen können. Die Erde existiert seit Milliarden Jahren – und wir sind zeitlebens dafür verantwortlich, sie zu schützen und zu behüten. Demut fordert uns auf, innezuhalten, den eigenen Machtanspruch zu hinterfragen und Platz zu machen für etwas Größeres. Für das Leben selbst.

Nachhaltig handeln – In Einklang mit der Erde leben

Der Schritt in eine nachhaltige Zukunft bedeutet, alle Aspekte unseres Lebens zu hinterfragen: Wie konsumieren wir? Welche Ressourcen verschwenden wir? Wie können wir unsere Lebensweise so gestalten, dass wir der Erde nicht schaden, sondern sie respektieren und erhalten? Von der Wahl nachhaltiger Produkte bis hin zu bewusstem Energieverbrauch – jeder Schritt zählt. Nachhaltigkeit beginnt in unserem eigenen Zuhause, in unserem täglichen Leben, und wirkt sich in der größeren Welt aus.

Vergebung und Veränderung – Aus Fehlern lernen

Niemand ist perfekt, und der Weg zu einem respektvollen Umgang mit der Erde wird von Fehlern begleitet sein. Aber entscheidend ist die Bereitschaft, aus unseren Fehlern zu lernen und uns zu verbessern. Vergebung für uns selbst und andere ermöglicht uns, von der Vergangenheit in die Zukunft zu schauen und den Wandel aktiv zu gestalten.

Druck erhöhen – Bewusstsein für Systeme, die wir (mit)tragen

„Was können wir schon ausrichten, wenn andere, die viel verschwenderischer sind, nicht mitmachen?" – Ein berechtigter Einwand. Ich mag das Bild der Mücke, die die Macht hat, uns nachts wachzuhalten. Diese Mücke sind wir. Mit jeder Entscheidung, welche Produkte wir kaufen, unterstützen wir nachhaltige Lebensmittelproduktionen – oder eben nicht. Discounter drücken die Preise der Landwirtschaftsbetriebe – durch unseren Einkauf tragen wir dazu bei. So sehr wir uns wünschen, dass andere diese Verantwortung übernehmen und Lebensmittel herstellen, die uns guttun und der Umwelt nicht schaden, tun sie es nicht – oder zumindest nicht schnell genug. Denn sie profitieren noch davon. Wir wissen, dass viele Lebensmittel viel zu viel Zucker enthalten – weit mehr, als gut für uns ist – und essen sie trotzdem. Wenn wir hier aktiv werden, unsere Stimme erheben und deutlich machen: „Das wollen wir nicht", dann kann sich etwas verändern. Dazu gehört auch, sich Wissen anzueignen: Was richtet die Produktion von Palmöl an? Ab welcher Menge wird Zucker schädlich? Woher kommt das Fleisch, das ich esse? Und dann gilt es, sich von Sprüchen wie „Dort ist es billig" oder „Hier kannst du sparen" zu lösen, denn sie sollen uns nur zum Kauf anregen. Bewusstes Konsumverhalten bedeutet, die eigenen Kaufentscheidungen zu hinterfragen und auch mal mit weniger zufrieden zu sein, statt immer mehr anzuhäufen.

Schlussgedanken

Wir wissen, dass das, was wir der Erde antun, Konsequenzen hat – und das macht es so bitter. Wir sehen den Schaden, wir hören ihn, wir fühlen ihn, und obwohl wir schon längst aufhören sollten, machen wir trotz allem Offensichtlichen und Sichtbaren weiter. Wie soll man Kindern das erklären? Die Wahrheit ist doch: Es gibt keine Antwort, die unser Verhalten rechtfertigt. Ja, wir sind schlechte Erwachsene geworden, aber zum Glück nicht überall! Es gibt großartige Initiativen, die hier gewürdigt werden müssen: Organisationen, Firmen, Verbände oder auch Einzelpersonen, die nicht akzeptieren, dass alles so bleibt, und ihr Bestes geben, einen nachhaltigen Kurs voranzubringen.

Mit diesem Buch lege ich den Fokus auf den Teil in uns, der ganz schnell zum Arschloch werden kann – der in uns steckt und Möglichkeiten wahrnimmt, wenn er sie bekommt. Mir geht es um das, was wir Kindern vorleben: Wie können wir von ihnen Werte wie Ehrlichkeit, Toleranz und Frieden erwarten, wenn wir Waffen aufeinander richten und uns gegenseitig zerstören? Warum nutzen wir unsere Intelligenz nicht dafür, diesen Planeten zu schützen? Wir können es doch.

Jede Entscheidung, die wir treffen, besonders bei Unternehmensgründungen oder in Führungsverantwortung, sollte vielleicht einen Test aus drei grundlegenden Fragen bestehen:

- **Dient mein Handeln dem Gemeinwohl oder nur meinem Ego?**

- **Trägt mein Verhalten zu Respekt, Mitgefühl und Frieden bei?**

- **Schütze ich mit meinen Entscheidungen die Zukunft dieses Planeten?**

Wenn wir diese Fragen ehrlich beantworten, übernehmen wir Verantwortung für das, was wir tun, und für die Menschen, die wir sind und sein wollen.

Was wir heute tun, prägt das Denken und Handeln der nächsten Generationen. Der wahre Wandel braucht nicht unbedingt einen großen Schritt, denn er beginnt genauso wirkungsvoll in den kleinen Entscheidungen, die wir im Alltag treffen: in den Gesprächen, die wir führen, den Projekten, die wir unterstützen, und den Menschen, die wir inspirieren.

Lasst uns das Richtige tun, um diesen Planeten zu schützen. Er hat es verdient.

Helena

Juni 2025

Quellen

Fratzscher, M. (2023): Angst als Argument der Macht. https:/www.diw.de/de/diw_01.c.882253.de/nachrichten/angst_als_instrument_der_macht.html (letzter Zugriff: 25.5.2025).

Groc, I. et al. (2023): Die Verbündete unseres Klimas: Die Rolle der Natur im Sechsten IPCC-Sachstandsbericht. https://www.wwf.at/wp-content/uploads/2023/03/WWF-Bericht-Die-Verbuendete-unseres-Klimas_Die-Rolle-der-Natur-im-Sechsten-IPCC-Sachstandsbericht.pdf

Kebir, S. (2025): Kriegsopfer Umwelt. URL: https://www.deutschlandfunkkultur.de/kommentar-krieg-opfer-umwelt-klima-100.html (letzter Zugriff: 20.5.2025).

König, L. (2023): „Wir schaffen uns in der Natur mehr Probleme als Lösungen". Interview mit Bernd Scherer. In: Frankfurter Rundschau, 30.7.2023. URL: https://www.fr.de/politik/wir-schaffen-uns-in-der-natur-mehr-probleme-als-loesungen-92431572.html (letzter Zugriff: 20.5.2025).

Krumenacker, Th. (2024): Was der Mensch mit seinen Kriegen der Natur antut. URL: https://www.sueddeutsche.de/wissen/krieg-umwelt-klima-lux.AHtrNutorgua1ZsCNV8Ve2?reduced=true (letzter Zugriff: 22.5.2025).

Mrasek, V. (2022): Weltbiodiversitätsrat IPBES: „Die Ausbeutung der Natur hat ein kritisches Maß überschritten". URL: https://www.deutschlandfunk.de/die-ausbeutung-der-natur-hat-ein-kritisches-mass-ueberschritten-100.html (letzter Zugriff: 20.5.2025).

Oetzel, S. & Luppold, A. (2023): 33 Phänomene der Kaufentscheidung. Kundenverhalten besser verstehen – Wissen und Inspiration. Wiesbaden: Springer Gabler.

Satter, E. (2025): Was ist Macht? - Begriffserklärung, Bedeutung und Formen. URL: https://www.juraforum.de/lexikon/macht (letzter Zugriff: 21.5.2025).

Wirtz, M. A. (Hrsg.) (2025): Kognitive Dissonanz. URL: https://dorsch.hogrefe.com/stichwort/kognitive-dissonanz (letzter Zugriff: 20.5.2025).

Wirtz, M. A. (Hrsg.) (2025): Verlustaversion. URL: https://dorsch.hogrefe.com/stichwort/verlustaversion (letzter Zugriff: 20.5.2025).